Antonio De Carvalho
Reginaldo Braga Lucas
Alvaro Francisco Fernandes Neto

Défis et obstacles à la réussite de la planification et de la gestion des projets

AF144316

Antonio De Carvalho
Reginaldo Braga Lucas
Alvaro Francisco Fernandes Neto

Défis et obstacles à la réussite de la planification et de la gestion des projets

ScienciaScripts

Imprint

Any brand names and product names mentioned in this book are subject to trademark, brand or patent protection and are trademarks or registered trademarks of their respective holders. The use of brand names, product names, common names, trade names, product descriptions etc. even without a particular marking in this work is in no way to be construed to mean that such names may be regarded as unrestricted in respect of trademark and brand protection legislation and could thus be used by anyone.

Cover image: www.ingimage.com

This book is a translation from the original published under ISBN 978-620-2-17343-8.

Publisher:
Sciencia Scripts
is a trademark of
Dodo Books Indian Ocean Ltd. and OmniScriptum S.R.L publishing group

120 High Road, East Finchley, London, N2 9ED, United Kingdom
Str. Armeneasca 28/1, office 1, Chisinau MD-2012, Republic of Moldova, Europe
Printed at: see last page
ISBN: 978-620-7-24083-8

Index :

LES DÉFIS ET LES OBSTACLES À LA RÉUSSITE DE LA LA PLANIFICATION ET LA GESTION DE PROJETS EN DES PROGRAMMES D'ENSEIGNEMENT À DISTANCE.

Antonio Aparecido de Carvalho
Université municipale de Sao Caetano do Sul

Reginaldo Braga Lucas
Collège Sao Bernardo

Alvaro Francisco Fernandes Neto
Université municipale de Sao Caetano do Sul

Merci de votre attention.

Tout au long de ce travail, nous avons reçu de nombreuses contributions qui l'ont rendu possible. Nous remercions Dieu de nous avoir donné la santé et la sagesse, nos parents, nos épouses et nos enfants pour leur compréhension et leur motivation dans les moments difficiles, nos étudiants dont nous avons appris chaque jour et les établissements d'enseignement qui ont collaboré à nos recherches.

LES DÉFIS ET LES OBSTACLES À LA RÉUSSITE DE LA PLANIFICATION ET DE LA GESTION DE PROJETS DANS LE CADRE DE COURS À DISTANCE SANCTIONNÉS PAR UN DIPLÔME.

RÉSUMÉ : L'objectif de cet article est d'identifier les défis et les obstacles auxquels les établissements d'enseignement supérieur sont confrontés lorsqu'ils planifient et gèrent des projets d'enseignement à distance pour l'obtention d'un diplôme. Afin d'aborder le sujet, il a été nécessaire d'étudier l'évolution de l'enseignement à distance dans le monde et au Brésil. Les innovations dans le domaine des technologies de l'information et de la communication influencent la croissance de la demande de cours d'apprentissage à distance, ainsi que la facilité d'accès et l'accessibilité financière pour les étudiants. Une compréhension des phases auxquelles un projet d'enseignement à distance est soumis, suivie de la planification et de la gestion. La méthode utilisée pour recueillir les données a consisté en un questionnaire envoyé aux directeurs de vingt-cinq établissements d'enseignement supérieur de la ville de Sao Bernardo do Campo, axé sur quatre dimensions : les personnes, l'organisation didactique et pédagogique, l'infrastructure et les systèmes d'évaluation. Les résultats ont montré que les obstacles sont centrés sur la formation des équipes, la production de contenus dissociés de l'enseignement présentiel, le choix correct des plates-formes d'environnement d'apprentissage virtuel et la difficulté de mesurer efficacement les systèmes d'évaluation.

Mots clés : gestion, planification, technologies de l'information, enseignement à distance, innovations.

Chapitre 1

1. INTRODUCTION

Depuis les années 1990, le monde a connu des changements constants et marqués dans les domaines social, politique, économique, culturel, coutumier, de la consommation et de l'éducation, entre autres. Les technologies, en particulier celles qui permettent l'accès à l'information, influencent et sont également le produit des changements de l'époque et ont la caractéristique de remplacer les technologies du passé (même du passé récent), les rendant obsolètes dans un court laps de temps.

Les consommateurs sont devenus plus exigeants, car une simple recherche sur *internet,* à l'aide d'une *tablette, d'un smartphone* ou d'un *ordinateur portable,* permet d'identifier les caractéristiques, les particularités, les différences, les avis des consommateurs et d'accéder à divers produits et services.

Il en va de même pour les services fournis par les établissements d'enseignement qui, au fil des ans, ont connu différentes phases, passant du modèle traditionnel, où l'enseignant et les élèves étaient enfermés dans un environnement clos, à l'une des modalités les plus recherchées aujourd'hui, l'enseignement à distance, qui abolit la proximité physique entre l'élève et l'établissement, l'élève et l'enseignant, l'élève et les élèves.

Litto (2009) traite de l'enseignement à distance et de son évolution au fil des ans, le premier modèle étant les cours par correspondance, suivis de la production de matériel imprimé. La radiodiffusion a également été utilisée pour proposer des cours, en particulier depuis la Seconde Guerre mondiale. Dans les années 1950, avec l'apparition de la télévision, il a été possible de dispenser des cours à un plus grand nombre de personnes et aujourd'hui, grâce aux nouvelles technologies, il est possible d'accéder rapidement à la connaissance, en collaborant à la formation professionnelle des personnes par le biais de cours d'apprentissage à distance. Drucker (2001, p. 151) affirme que "plus la connaissance devient fondamentale pour la société, plus l'importance de la flexibilité, de la diversité et de la concurrence augmente".

Face à de tels développements et changements, il est essentiel que la planification et la gestion de projet soient faites et refaites, c'est-à-dire que chaque changement génère une nouvelle planification et un nouveau projet. Le nouveau doit toujours anticiper les changements futurs et les besoins et désirs de la société. Les théories de gestion servent de base à tous les types d'organisations, qui cherchent toujours à identifier les opportunités du marché et à générer des profits à partir de la fourniture du produit ou du service au consommateur final.

L'éducation fait partie du marché des services qui, selon Parasuraman, Berry et Zeithaml (1990), peut être caractérisé par quatre facteurs : l'   intangibilité, l'inséparabilité de la production et de la consommation ; l'hétérogénéité et la durabilité. L'intangibilité concerne les questions de performance ; l'inséparabilité de la production et de la consommation fait référence aux services comme quelque chose qui est d'abord vendu, puis produit et enfin consommé ; l'hétérogénéité est liée à la variabilité potentielle de la performance des services et, enfin, la durabilité concerne le fait que les services ne peuvent pas être stockés.

Selon Litto (2009), l'une des principales innovations dans le domaine de l'éducation a été la création, la mise en œuvre et l'amélioration de l'apprentissage à distance, qui a permis et créé des opportunités pour une grande partie de la société d'accéder à des environnements éducatifs parfois inaccessibles en raison de la distance physique, du manque d'écoles dans certaines villes et, surtout, du manque de temps.

Selon le recensement de l'enseignement supérieur 2013 de la MEC, le nombre d'étudiants inscrits à des cours d'enseignement supérieur à distance représente 15,8 %

du total des inscriptions dans l'enseignement supérieur de premier cycle, contre 15,25 % l'année précédente. Ce pourcentage est un record pour l'enseignement à distance dans le pays, ce qui démontre la croissance constante de la recherche de cours à distance au Brésil.

L'enseignement à distance combine l'utilisation de technologies qui favorisent l'interaction entre les étudiants et le développement de projets visant à développer les connaissances.

L'accès aux programmes de premier cycle a connu une croissance lente depuis 2010. Selon Guia do Estudante (2014), qui reprend les données du recensement de l'éducation de 2013 publié en novembre 2014 par le ministère de l'éducation (MEC), les chiffres montrent que le pays compte 2 391 établissements d'enseignement supérieur et qu'ils représentaient 7,5 millions d'étudiants dans les cours de premier et de troisième cycle. Les cours de premier cycle comptaient 7,3 millions d'étudiants, soit une augmentation de seulement 3,8 % par rapport aux chiffres de 2012. Les chiffres pour 2010 et 2011 montrent une augmentation des inscriptions en premier cycle d'environ 5,6 %, entre 2011 et 2012 le pourcentage était de 4,4 %, et en 2012 et 2013 l'indicateur était inférieur à 4 %.

Le recensement de l'éducation de 2013 a montré qu'il y a eu une augmentation du nombre d'inscriptions aux cours d'apprentissage à distance entre 2003 et 2013. En 2003, les établissements d'enseignement proposaient 52 cours, alors qu'en 2013, le nombre de cours proposés dépassait les 1 200. Le nombre d'étudiants inscrits en 2003 était de 49 911, en 2013 il est de 1 153 572.

Sur le nombre total d'étudiants inscrits, 86,8 % appartiennent au réseau privé et, selon le domaine de spécialisation des cours, les cours de licence représentent 39,1 %, les baccalauréats 31,3 % et les cours technologiques 29,6 % des inscrits.

L'économiste Jacques Schwartzman du Centre d'études sur l'enseignement supérieur et les politiques publiques de l'éducation de l'Université fédérale de Minas Gerais (Cespe/UFMG) a déclaré ce qui suit dans le Guide de l'étudiant 2014 : "Le Brésil était très en retard dans le domaine de l'enseignement à distance, mais il connaît désormais une croissance significative. Le défi consiste désormais à les évaluer correctement, comme c'est déjà le cas pour les diplômes en présentiel."

Le recensement de l'enseignement supérieur publié en 2017 a présenté les données de 2016. En ce qui concerne la modalité en présentiel, on constate une baisse de 3,7 % par rapport à 2015, le nombre de nouvelles inscriptions était de 2 225 663 et en 2016, le nombre de nouvelles inscriptions était de 2 142 463. En ce qui concerne l'enseignement à distance, les données montrent qu'en 2014, le nombre de nouvelles inscriptions était de 694 559 et en 2016, le nombre était de 843 181, soit une augmentation de 21,4 %.

Face à la demande croissante de cours à distance, il est sain que les établissements d'enseignement s'analysent pour s'adapter aux nouveaux besoins des étudiants. Cependant, pour répondre à ces besoins, les cours à distance doivent être planifiés, sur la base de recherches, d'analyses internes et externes, de coûts, de personnel et, enfin, de viabilité financière. Une fois la planification finalisée, une gestion détaillée et constante du projet doit être mise en place, en respectant toujours les préceptes établis par les institutions.

Mintzberg (2000) indique qu'il existe différents types de modèles de planification, mais que la grande majorité d'entre eux se résument essentiellement à : analyser le modèle SWOT en le divisant en étapes clairement délimitées, chacune d'entre elles devant être articulée avec de nombreuses listes de contrôle et techniques, l'accent devant être mis sur la fixation d'objectifs et l'élaboration d'ornements et de plans opérationnels.

Un autre modèle qui peut être utilisé est le modèle ECD (Performance Driver Structure). Bain (1956) indique que le modèle ECD est adapté à l'opérationnalisation du concept de compétitivité des entreprises, pour autant qu'il soit incorporé aux principaux éléments de l'environnement interne, tels que les stratégies concurrentielles,

les résultats de la rentabilité interne et le chiffre d'affaires.

Après la programmation et la mise en œuvre, la gestion du projet est nécessaire, car les données d'une étude réalisée par le Standish Group, publiée en 2009, montrent que 24 % des projets échouent ou sont annulés à mi-parcours, 44 % des projets sont retardés et seulement 32 % des projets sont couronnés de succès.

La gestion de projet n'est pas toujours une tâche facile, elle nécessite des professionnels qualifiés et l'implication de tous les services. Il ne suffit pas de connaître les meilleures pratiques et techniques ; les organisations doivent relier leurs projets à leurs réalités, ce qui permet d'éviter les problèmes.

L'objectif de cet article est de comprendre les défis et les obstacles auxquels sont confrontés les établissements d'enseignement supérieur de la ville de Sao Bernardo do Campo lorsqu'il s'agit de planifier et de gérer des projets d'apprentissage à distance.

L'étude a été délimitée dans la ville de Sao Bernardo do Campo parce qu'elle se trouve dans la région du Sud-Est qui, selon les données du recensement de l'éducation de 2013, compte le plus grand nombre d'établissements d'enseignement supérieur du pays (1 145 - 47,9 % du total du pays) et, par conséquent, le plus grand nombre d'étudiants inscrits (3 329 946 - 45,6 % du pays).

Parmi les villes qui composent l'ABC Paulista, Sao Bernardo do Campo se distingue par le plus grand nombre d'universités et d'établissements d'enseignement supérieur.

Le recensement démographique de 2010 de Sao Bernardo do Campo publié sur le site de l'IBGE fait état d'une population de 765 463 habitants, avec une projection en 2014 de 811 489 habitants. L'indice de développement humain (IDH) de Sao Bernardo do Campo est de 0,805, ce qui est considéré comme très élevé, selon la méthode de calcul appliquée, ce qui lui permet d'occuper la 14ᵃ position dans le classement des villes de l'État de Sao Paulo. Outre la longévité et le revenu, cet indice prend également en compte le niveau d'éducation. L'indice d'éducation de Sao Bernardo do Campo, qui est de 0,752, est également considéré comme élevé par rapport à d'autres régions.

Le nombre d'inscriptions dans l'enseignement secondaire s'élevait à 37 267, le nombre de personnes ayant achevé des études supérieures était de 100 053, tandis que le nombre d'habitants ayant un enseignement secondaire incomplet s'élevait à 124 615, et le nombre de personnes ayant achevé des études secondaires et un enseignement supérieur incomplet était de 199 925.

Les chiffres présentés montrent qu'il existe une demande de cours d'enseignement supérieur dans la ville de Sao Bernardo do Campo.

Selon le portail du ministère de l'éducation (2015), la ville de Sao Bernardo do Campo abrite 25 établissements d'enseignement supérieur, dont la liste figure ci-dessous. Informations tirées du résumé 2012 sur l'éducation à Sao Bernardo do Campo.

Bernardo do Campo montrent qu'en 2011, le nombre d'étudiants inscrits dans des cours d'enseignement supérieur à Sao Bernardo do Campo était de 47 116, par rapport aux autres villes de l'ABC Paulista : Santo André : 42 496 ; Sao Caetano : 17 067 ; Diadema : 3 043 ; Mauá : 2 705 et Ribeirao Pires : 910. Les chiffres montrent que Sao Bernardo do Campo a le plus grand nombre d'étudiants inscrits dans des cours d'enseignement supérieur.

La question clé à laquelle ce travail tente de répondre est la suivante : quels sont les principaux défis et obstacles rencontrés dans la planification et la gestion des cours d'enseignement à distance ?

L'objectif principal est d'identifier les défis et les obstacles rencontrés dans la planification et la gestion des formations diplômantes à distance.

Les objectifs secondaires sont les suivants :

- Comprendre comment les établissements d'enseignement peuvent atténuer les défis et les obstacles rencontrés dans la planification et la gestion des cours d'apprentissage à distance.

- Voir si ces défis et obstacles finissent par rendre la mise en œuvre des cours à distance irréalisable.

L'ouvrage est organisé de manière à inclure des bases théoriques, en abordant l'histoire de l'enseignement à distance dans le monde, son évolution au Brésil, la commercialisation des services et le consommateur, ainsi que la planification et la gestion de projets dans les cours d'enseignement à distance.

Chapitre 2

2. CADRE THÉORIQUE

Les principales références qui ont fourni la base théorique du travail sont présentées.

2.1 Enseignement à distance

Moore et Kearsley (2010) définissent l'apprentissage à distance comme : "un apprentissage planifié qui a lieu dans un endroit autre que le lieu d'enseignement, nécessitant une conception de cours et des techniques d'enseignement spéciales, une communication par le biais de diverses technologies et des dispositions organisationnelles et administratives spéciales" (MOORE, KEARSLEY, 2010).

Soares (2014) affirme que l'enseignement à distance est de plus en plus nécessaire et recherché par les universités, qu'elles soient publiques, privées, les collèges ou les centres universitaires et les entreprises, dans le but d'apporter des connaissances à la société et de l'améliorer, et que la tendance est de suivre sa propre voie, dissociée de l'enseignement en face-à-face. L'enseignement à distance favorise la rencontre entre enseignants et étudiants en utilisant des ressources technologiques pour communiquer et mener à bien le processus d'enseignement/apprentissage.

Selon Dias et Leite (2010), l'apprentissage à distance n'est pas une nouveauté : il est utilisé depuis de nombreuses années. La différence aujourd'hui réside dans l'utilisation des technologies de l'information, qui facilitent en fin de compte ce processus.

L'évolution de l'enseignement à distance se subdivise en cinq étapes : la correspondance, la radiodiffusion et la télédiffusion, les universités ouvertes, la téléconférence et l'Internet/Web.

Litto (2008) rapporte que le premier modèle d'enseignement à distance était le cours par correspondance, qui impliquait initialement un producteur individuel et un étudiant, ou quelques étudiants. L'étape suivante a été la production de matériel imprimé dans les établissements scolaires pour répondre aux besoins d'un plus grand nombre d'étudiants. Ce nouveau format a donné naissance à un processus d'enseignement à distance plus organisé, puisqu'il y avait production et supervision du processus d'enseignement et d'apprentissage, toujours avec l'idée que l'enseignant était responsable de l'enseignement et qu'il incombait à l'étudiant d'apprendre.

Selon Litto (2008), à la fin de la première moitié du 20e siècle, des cours ont été créés à l'aide de la radiodiffusion. Avec l'éclatement de la Seconde Guerre mondiale, le besoin de programmes de formation s'est fait sentir et l'on s'est tourné vers l'enseignement à distance et d'autres technologies pour dispenser une formation dans un laps de temps plus court. Après la fin de la Seconde Guerre mondiale, ces procédures ont été utilisées en Europe et au Japon, avec l'aide de matériel imprimé et de stations de radio.

Dans les années 50, la télévision a commencé à émerger comme un nouveau moyen de communication qui a fini par être utilisé comme média éducatif ; dans les années 60, la télévision éducative est apparue, mêlant le son et l'image. Au fil des années, les programmes éducatifs diffusés à la télévision ont évolué et interagi avec d'autres médias, offrant de nouvelles façons d'organiser le processus d'enseignement et d'apprentissage.

Daniel (1998) décrit qu'une autre caractéristique de ce moment de l'enseignement à distance a été la création de méga-universités accueillant plus de 100 000 étudiants. A titre d'exemple, l'*Open University* a été créée au Royaume-Uni, un modèle en termes de qualité, de méthode de production de cours, de manière d'articuler les technologies existantes et, surtout, de préoccupation pour la recherche pédagogique.

Moore et Kearsley (2010) rapportent que dans les années 1970, l'utilisation de la téléconférence a émergé aux États-Unis, permettant à des groupes de participer. L'Université du Wisconsin a présenté une innovation : la transmission d'un programme hebdomadaire avec des participants interagissant par téléphone, microphone et haut-parleurs.

Soares (2014) rapporte que dans les années 1980, la transmission par satellite de vidéoconférences a commencé, initialement par le Consortium du réseau national de téléconférence universitaire (MUTN), donnant un nouveau format à l'apprentissage à distance axé sur le marché, plusieurs universités proposant divers cours pour les entreprises et la société.

Moore et Kearsley (2010) indiquent que la vidéoconférence était pleinement utilisée à la fin des années 1990. L'université de Park a pu réunir les étudiants dans un studio pour diffuser les premiers cours de licence par téléconférence à l'aide de vidéos compressées.

Moran (2002) rapporte que les innovations technologiques qui permettent aux gens de communiquer entre eux modifient le concept de face-à-face : "Nous pouvons avoir des enseignants externes qui partagent certaines classes, un enseignant externe entrant dans la classe d'un autre enseignant avec son image et sa voix (MORAN, 2002, p. 2)". De cette manière, il y aura un échange de connaissances, chaque enseignant pourra collaborer avec son expertise spécifique dans le processus de construction des connaissances.

L'étape actuelle de l'enseignement à distance se caractérise par des classes virtuelles utilisant des ordinateurs et l'internet, à l'aide de technologies innovantes qui permettent à des personnes, des groupes de personnes, des institutions et des organisations d'y participer. Les universités ont commencé à développer des processus créatifs de nouvelles idées pour étendre, améliorer et répandre l'enseignement à distance. Soares (2014) indique qu'en 1995, la *Mind Extension University* a été la première université à être certifiée en tant que cours entièrement *en ligne*.

Moore et Kearsley (2010) décrivent le nouveau millénaire comme la société de la connaissance, où les avancées technologiques et l'expansion économique, démographique et éducative se renforcent et convergent pour accélérer le changement. Appliquées à l'éducation, les nouvelles technologies peuvent créer des conditions d'apprentissage plus interactives, basées sur des parcours non linéaires, l'étudiant étant responsable de la détermination de son rythme et de son emploi du temps. Les bibliothèques et les forums de discussion sont accessibles à tout moment par simple pression d'un bouton, à condition que l'*appareil soit* connecté à un réseau de distribution de services.

2.2 L'enseignement à distance au Brésil

Pour comprendre l'enseignement à distance au Brésil, Moreira (2009) donne un bref aperçu de son évolution. Selon l'auteur, diverses sources indiquent que les premiers pas de l'enseignement à distance ont eu lieu avant 1900, lorsque certaines annonces de journaux de Rio de Janeiro proposaient des cours professionnels par correspondance, Cependant, la référence officielle est la création de succursales d'écoles internationales en 1904, qui constitue la phase initiale. Il s'agissait de cours axés sur le développement de l'emploi, offrant une professionnalisation principalement dans les secteurs du commerce et des services. L'enseignement se fait entièrement par correspondance.
En 1923, la Radio Sociedade do Rio de Janeiro est fondée dans le but de diffuser l'éducation populaire.

À partir de 1937, de nombreux programmes sont mis en œuvre, car le service de radiodiffusion éducative du ministère de l'éducation est créé. Le SENAC débute ses activités en 1946 et développe l'Université de l'Air à Rio de Janeiro et Sao Paulo.

Moreira (2009) rapporte également que la télévision éducative a été utilisée de manière positive dans les années 1960 et qu'à partir de 1967, le code des télécommunications brésilien a déterminé que les télévisions éducatives et les télévisions commerciales devaient diffuser des programmes éducatifs. L'auteur indique qu'en 1972, le Programme national de télé-éducation a été créé, qui a ensuite été remplacé par le Centre brésilien de télévision éducative, mais dans les années 1990, il y a eu un retour en arrière, car les radiodiffuseurs n'étaient plus obligés d'inclure des programmes éducatifs dans leurs grilles quotidiennes.

Moreira (2009) ajoute que le système national de radiodiffusion éducative a été reformulé en 1994, le Fundapao Roquete Pinto devenant responsable de la coordination du soutien éducatif, mais les années suivantes n'ont pas vu d'amélioration, les programmes étant diffusés à des heures totalement incompatibles avec la disponibilité des étudiants utilisateurs. Il convient de mentionner que la Fondation Roberto Marinho a créé quelques programmes qui ont atteint leurs objectifs, tels que Telecursos.

Aujourd'hui, l'émergence de la télévision par câble a apporté des innovations, permettant à certains radiodiffuseurs de se consacrer à l'éducation, comme University TV, TV Cultura et Canal Futura.

Moreira (2009) indique que pour parler de l'apprentissage à distance au Brésil, il convient de mentionner que dans les années 1970, les ordinateurs sont arrivés au Brésil, d'abord à un coût élevé, puis avec le temps ils sont devenus moins chers et plus accessibles à la population. Aujourd'hui, ils sont disponibles sur les ordinateurs personnels, et l'avènement de l'*internet a* favorisé la diffusion de l'apprentissage à distance, cependant, Bien qu'il existe une législation en faveur des programmes éducatifs, il n'y a pas de réglementation en la matière et les institutions et les personnes finissent par avoir le même coût d'accès aux programmes éducatifs ou à tout autre type d'accès, comme les divertissements ou même la pornographie.

Moreira (2009) affirme que la connexion des ordinateurs à un réseau à large bande est extrêmement nécessaire, car le coût serait moins élevé. Il fait également remarquer que dans le scénario actuel de l'enseignement à distance, de nombreux cours de premier et de deuxième cycle sont disponibles pour la société, mais qu'il n'y a toujours pas de cours de maîtrise ou de doctorat au Brésil, car il n'y a toujours pas de règles émises par la CAPES (Coordination pour l'amélioration du personnel de l'enseignement supérieur), et qu'il existe de nombreux cours gratuits dispensés par des entreprises, les "universités d'entreprise".

Il reste un vaste marché à explorer et la tendance est à la réduction des coûts, mais on peut s'attendre à ce que la bureaucratie relative à l'accréditation soit réduite.

Depuis ses débuts en 1904 jusqu'à aujourd'hui, l'enseignement à distance au Brésil a beaucoup progressé. Il est indéniable qu'il est nécessaire et que la législation sur l'enseignement à distance doit être modifiée pour garantir une éducation accessible et de qualité à ceux qui ont opté pour ce type d'apprentissage.

Avec l'avènement des nouvelles technologies et la demande croissante de cours à distance, les établissements d'enseignement ont renforcé leur adhésion à la modalité, en mettant en œuvre des projets et en planifiant leur inclusion dans la modalité.

Selon Castro et Ladeira (2009), dans un article publié dans la Revista Gestao e Planejamento (2009), plusieurs facteurs ont contribué à la généralisation de l'apprentissage à distance au fil des ans, comme les technologies de l'information et de la communication virtuelle qui permettent à la société d'accéder rapidement à l'information et d'améliorer ses connaissances. A cela s'ajoute la perception du gouvernement fédéral que l'apprentissage à distance est un moyen de démocratiser l'éducation et la possibilité qu'ont certaines entreprises d'offrir des cours corporatifs pour promouvoir la formation de leurs employés.

Castro et Ladeira (2009) soulignent qu'au Brésil, il n'existe aucune restriction légale à l'offre de tout type de cours d'apprentissage à distance, tant que les règles du ministère de l'éducation sont respectées.

Selon Litto (2009), il existe de nombreuses façons de proposer un enseignement à distance, y compris des cours basés sur un réseau de centres présentiels, permettant l'accès à des bibliothèques, des laboratoires et un tutorat présentiel.

Moraes (2010) souligne qu'un autre modèle utilisé est un type de consortium d'établissements, où les étudiants sont inscrits dans un établissement particulier qui a conclu un accord de coopération et de partage des ressources avec d'autres établissements. Un autre modèle est celui des établissements qui proposent traditionnellement des cours semi-présentiels.

Au Brésil, l'apprentissage à distance est une modalité qui se développe chaque année. En 2007, le nombre d'étudiants inscrits à des cours d'enseignement à distance s'élevait à 2,5 millions (SANCHEZ, 2008). L'enseignement à distance a été légalement reconnu au Brésil en 1996 en vertu de la loi sur les directives en matière d'éducation (LDB) - loi 9.394/96, mais ce n'est qu'en 2005, avec le décret 5.522 du 19 décembre 2005, que les cours proposés selon cette modalité par des établissements accrédités par le MEC ont été reconnus dans le système d'éducation officiel.

Moreira (2009) indique qu'afin d'augmenter l'offre de cours à distance et de répondre à la demande, le ministère de l'éducation a lancé l'Université ouverte à distance en 2005, s'éloignant ainsi de la simple importation de programmes d'autres pays pour créer et consolider un modèle adapté à la réalité brésilienne.

Les transformations constantes obligent les entreprises à se réadapter aux nouveaux besoins des clients, aux nouvelles technologies, aux nouvelles formes de communication et aux nouveaux facteurs qui déterminent la consommation de biens et de services. Saade (2006) affirme qu'il existe plusieurs théories expliquant les facteurs déterminants de la consommation, mais de manière très concise et résumée, l'auteur affirme que la consommation résulte de la combinaison de trois facteurs : la population, le revenu et les habitudes de choix. Les habitudes de choix sont façonnées par d'autres facteurs intrinsèques : la confiance dans la marque, le prix, la culture et le marketing que l'entreprise développe pour promouvoir les produits ou les services. Lorsqu'une entreprise souhaite pénétrer un nouveau marché ou introduire un nouveau produit ou service, elle doit tenir compte de tous ces facteurs.

2.2.1 La réglementation de l'enseignement à distance au Brésil.

En raison de l'étendue du territoire brésilien, les politiques publiques encouragent l'ouverture de cours à distance pour permettre aux établissements d'enseignement d'atteindre les objectifs éducatifs fixés par les organismes institutionnels.

La loi d'orientation fondamentale, loi 9.394 du 20 décembre 1996, entre en vigueur avec 92 articles, dont l'article 80 établit les bases légales de l'enseignement à distance :
- Établit l'accréditation des institutions par l'Union ;
- Normes pour la production, le contrôle et l'évaluation des programmes et l'autorisation de les mettre en œuvre par les systèmes éducatifs respectifs ;
- Traitement différencié, y compris des coûts réduits pour la radio et la télévision, en accordant aux chaînes à vocation exclusivement éducative un temps de diffusion minimum par les concessionnaires de chaînes commerciales.

Dans la nouvelle loi sur l'éducation de 1997, l'article 5, paragraphe 5, traite de la nécessité pour les autorités publiques de créer des formes alternatives d'accès aux différents niveaux d'éducation. L'article 32 stipule que l'enseignement primaire sera présentiel et que l'enseignement à distance sera utilisé comme complément d'urgence en cas de besoin. L'article 40 mentionne l'existence de différentes stratégies de formation continue. L'article 80 précise qu'il appartient aux pouvoirs publics d'encourager le développement et la diffusion de programmes d'enseignement à distance à tous les niveaux de la formation continue. L'article 80 précise également que l'enseignement à distance bénéficiera d'un traitement différencié, avec des coûts de transmission réduits sur les chaînes commerciales et des concessions pour les chaînes exclusivement éducatives. L'article 87 prévoit des cours à distance pour les jeunes et les adultes peu scolarisés, ainsi que des programmes de formation pour tous les enseignants en exercice.

En 1998, un nouveau règlement a été adopté, suivi du décret 5.622 du 19 décembre 2005, qui définit l'enseignement à distance comme "une modalité éducative dans laquelle la médiation didactique pédagogique dans les processus d'enseignement et d'apprentissage se produit avec l'utilisation des médias et des technologies de l'information et de la communication, les étudiants et les enseignants menant des activités éducatives dans des lieux ou à des moments différents".

Costa Gomes (2008) rapporte que le nouveau décret établit des avancées, mais avec des réserves :
- Elle établit des réunions face à face obligatoires non seulement pour l'évaluation des étudiants, mais aussi pour les stages, les défenses de travail et les activités de laboratoire. Elle oblige à créer des centres dans le pays ou à l'étranger ;
- Les résultats de l'examen en face à face devraient prévaloir sur les autres résultats, ce qui va à l'encontre de la didactique et de l'évaluation (ranpo) ;
- Il inclut expressément les différents niveaux et modalités d'enseignement, y compris les masters et les doctorats (avancés) ;
- Permet aux établissements de recherche dont l'excellence est avérée de demander l'accréditation pour proposer des cours ou des programmes de troisième cycle (avance) ;
- Elle utilise le système constitutionnel de collaboration pour coordonner le ministère de l'éducation et les différents systèmes éducatifs afin de délimiter et d'intégrer leurs

efforts dans les processus d'accréditation, d'autorisation et de reconnaissance, mais son objectif est l'uniformisation des normes et des procédures ;

- Elle donne aux systèmes éducatifs des États le pouvoir d'accréditer les établissements d'éducation de base. Pour fonctionner en dehors de l'unité fédérale, l'établissement doit demander l'accréditation de la MEC ;
- Elle crée une série de règles et d'exigences pour ces processus, basées sur les critères de qualité pour l'enseignement à distance, et maintient le délai de cinq ans pour l'accréditation institutionnelle et son renouvellement ;
- Elle dispense les établissements qui ont la prérogative de l'autonomie universitaire de la création, de l'organisation et de la suppression des cours ou des programmes d'enseignement supérieur, mais ne les dispense pas de l'accréditation, comme l'exige la loi ;
- A bien des égards, il assimile l'enseignement à distance à l'enseignement en face à face, comme l'adoption d'un nombre fixe de places, défini par le MEC ;
- Il applique pleinement le système national d'évaluation de l'enseignement supérieur, Sinaes, à l'enseignement à distance.

Costa Gomes (2008) signale que le décret n° 5.800 du 8 juillet 2006 constitue une étape importante, puisqu'il prévoit le système d'université ouverte du Brésil - UAB. Les objectifs du décret se concentrent principalement sur l'offre de cours diplômants et la formation initiale des enseignants de l'éducation de base.

2.2.2 Modalité d'apprentissage à distance

Selon Skipnis (2008), l'apprentissage à distance est récent au Brésil, bien qu'il ait été adopté depuis longtemps dans d'autres pays, comme l'Université de Londres qui, en 1858, a été la première université à ouvrir l'apprentissage à distance aux personnes qui ne vivaient pas à Londres, ou l'Université d'Afrique du Sud qui, en 1946, est devenue une université d'apprentissage à distance.

Au Brésil, comme nous l'avons mentionné plus haut, l'enseignement à distance a commencé au 20e siècle avec des cours professionnels utilisant du matériel imprimé. Ensuite, l'utilisation de la radio et de la télévision a fait son apparition et, dans les années 1990, les technologies de l'information ont facilité l'entrée effective de l'enseignement à distance dans le secteur de l'enseignement supérieur.

Vianney et al. (2010) décrivent que l'enseignement à distance au Brésil s'est développé à partir de cinq modèles :

1 - Modèle de télé-éducation, avec diffusion en direct et par satellite ;

2 - Modèle de vidéo-éducation, avec des téléclasses enregistrées ;

3 - Modèle semi-présentiel, combinant l'enseignement à distance et l'enseignement en face à face ;

4 - Modèle d'université virtuelle, utilisation intensive de la technologie et

5 - Modèle dans lequel les étudiants de l'enseignement à distance passent des périodes régulières dans l'établissement, où ils passent des examens et font des activités de laboratoire.

Les modèles utilisés dans l'enseignement à distance au Brésil font appel à des concepts pédagogiques et organisationnels différents.

Selon Mill (2010), il existe trois modèles institutionnels d'enseignement à distance : autonome, mixte et en réseau.

Le modèle autonome est celui dans lequel les établissements fonctionnent de manière indépendante. Le modèle mixte est celui où un établissement offre des cours dans un autre établissement, en profitant de la structure existante, formant ainsi un partenariat. Le modèle en réseau est pratiqué par plusieurs établissements qui proposent ensemble les mêmes cours d'enseignement à distance.

Morgado (2013) présente quatre modèles d'apprentissage à distance basés sur trois variables :

1 - Modèle centré sur l'enseignant : il utilise les technologies de l'information et de la communication, mais conserve une approche traditionnelle. Le contenu est défini par des spécialistes. Ce modèle transfère les techniques d'enseignement en face à face à l'apprentissage à distance, est plus centré sur l'enseignement que sur l'apprentissage, la composante *en ligne représente au* maximum 20 % du temps d'étude de l'étudiant et l'apprentissage collaboratif entre les étudiants est pratiquement inexistant.

2 - Modèle centré sur les médias : le modèle utilise la technologie, il fait appel à un ou plusieurs outils technologiques. L'enseignant fournit le contenu et l'étudiant l'utilise. Ce modèle permet un plus grand impact visuel grâce à l'utilisation d'Internet, il est interactif, il y a une interaction avec le matériel d'enseignement et il permet une interaction entre les étudiants.

3 - Le modèle centré sur l'étudiant : démontrant la tendance contemporaine, l'institution se concentre davantage sur l'étudiant que sur l'enseignant, bien que Morgado (2013) souligne qu'en réalité, il s'agit plus d'une intention que d'une pratique. Le modèle se caractérise par un apprentissage basé sur la construction de connaissances, permet une réflexion critique, dissout la distinction entre contenu et tutorat et vise à construire une communauté d'apprentissage.

4 - Modèle tridimensionnel : il utilise la confluence de trois variables : l'enseignant, l'environnement et l'élève. Il s'agit d'un modèle équilibré, où chacune des variables est fondamentale, sans qu'aucune ne prenne le pas sur l'autre.

5 .3 Planifier l'offre d'enseignement à distance

L'éducation étant quelque chose d'immatériel, elle fait partie du marché des services et il est donc nécessaire de comprendre le marketing des services. Selon Bateson et

Hoffman (2001), le marketing des services englobe toutes les activités opérationnelles visant à étudier les opportunités du marché afin de planifier, d'organiser et d'offrir un service d'assistance de qualité à des prix raisonnables permettant de satisfaire les clients et de rémunérer correctement les professionnels.

Soares (2014) affirme que de nombreux projets d'apprentissage à distance finissent par échouer parce qu'ils n'essaient pas de comprendre les questions liées à la planification, que les cours d'apprentissage à distance sont différents des cours en face à face, qu'il faut accorder de l'importance aux environnements virtuels, qui doivent être effectivement mis à la disposition des étudiants, et aussi en ce qui concerne le développement du contenu. On comprend donc qu'il est essentiel de se concentrer sur l'approche de la planification de la gestion dans l'apprentissage à distance.

Pour que les établissements d'enseignement puissent fournir à la société des services adéquats répondant à ses besoins, ils doivent commencer leur planification en rassemblant des informations sur l'établissement lui-même, en étudiant des modèles de techniques de planification, en analysant les opportunités et les menaces, ainsi que les projections futures, afin d'atteindre les objectifs fixés par les organisations. Pour offrir des cours à distance, la planification doit commencer par la connaissance des ressources nécessaires et l'élaboration de projets.

La planification est un processus continu et dynamique qui consiste en un ensemble de supports coordonnés et intégrés permettant de concrétiser un projet ; ces supports doivent tenir compte des délais, des coûts, de la qualité, de la sécurité et des performances.

Amaral et Figueiredo (2010) affirment qu'une fois que les objectifs éducatifs, les compétences, le modèle pédagogique, les étapes et les activités, les systèmes d'aide à l'apprentissage, les médias, l'évaluation et les procédures académiques ont été définis, il est essentiel que des stratégies soient établies afin que la planification puisse être mise en œuvre.

La planification et la gestion des projets doivent être alignées sur les activités et la stratégie de l'entreprise. Il existe de nombreuses définitions de la stratégie, l'une d'entre elles stipulant qu'il s'agit de plans élaborés par la direction générale pour obtenir des résultats conformes aux missions et aux objectifs de l'organisation (WRIGHT et al. apud MINZBERG, 2000). Pour Porter (1986), la stratégie est la création d'une position unique et précieuse qui implique un ensemble d'activités différentes.

Steiner (1969) présente les principales étapes de la planification : la première est l'étape de la fixation des objectifs - c'est l'étape de la quantification des buts de l'organisation ; la deuxième étape est l'audit externe - il s'agit d'évaluer l'environnement externe de l'organisation, un ensemble de prévisions faites sur l'environnement externe, le marché, les principaux concurrents, les politiques économiques et les prévisions futures ; la troisième étape est l'audit interne - il s'agit des forces et des faiblesses présentées au sein de l'organisation, les compétences sont évaluées ; la quatrième étape est l'évaluation de la stratégie - elle va de l'évaluation du retour sur investissement à l'évaluation de la stratégie concurrentielle, elle concerne les données financières ; la cinquième étape est l'opérationnalisation de la stratégie - c'est la plus détaillée ; c'est la phase de mise en œuvre, ici tous les éléments des étapes précédentes sont présents ; la dernière étape s'appelle la programmation de l'ensemble du processus - c'est la phase de mise en œuvre : la programmation de l'ensemble du processus - il s'agit de la programmation de l'ensemble du calendrier des étapes du processus.

Après la phase de planification vient la gestion de projet. Vargas (2014) définit un projet comme un ensemble d'activités temporaires développées en groupe dans le but ultime de produire un bien ou un service. Un projet est dit temporaire parce qu'il a une date de début et une date de fin prévue. Un projet peut amener des personnes qui n'ont jamais travaillé ensemble à partager la même tâche, parfois à partir de lieux géographiques différents.

Un projet se déroule en plusieurs étapes : le lancement du projet, l'organisation et la préparation du projet, l'exécution des travaux et la clôture du projet. Selon le Project Management Body of Knowledge - PMBOK (2013), les projets sont divisés en dix domaines : gestion de l'intégration, gestion de la portée, gestion du temps, gestion des coûts, gestion de la qualité, gestion des ressources humaines, gestion des communications, gestion des risques, gestion des acquisitions et gestion des parties prenantes du projet.

La gestion de projet doit combiner des connaissances, des compétences et des techniques afin que le projet soit mené de manière efficace et de façon à unir les objectifs du projet en question avec les objectifs fixés par l'organisation dans le but de contribuer à une meilleure participation au marché sur lequel elle opère.

Rumble (2003) considère que la gestion est inhérente à tout type d'organisation, qu'elle soit à but lucratif ou non, grande ou petite, publique ou privée. Sur cette base, l'éducation n'échappe pas à la nécessité d'une gestion. Il doit y avoir un équilibre entre les dépenses et les produits du processus éducatif, à la recherche d'un profit pour l'institution. L'auteur affirme également que la gestion est un processus dans lequel les activités sont menées de manière efficace et efficiente, et que la prise de décision est basée sur l'analyse des actions nécessaires et sur le choix et la vérification de la meilleure manière de les mener à bien.

La gestion des cours en face à face se concentre sur des ressources numériquement stables et prévisibles, tandis que la gestion de l'apprentissage à distance englobe des processus imprévisibles. La planification doit donc tenir compte des variables propres à cette modalité, telles que : le nombre d'étudiants, d'enseignants, de coordinateurs et de tuteurs, les ressources technologiques et pédagogiques, les méthodologies, les objectifs et les coûts du projet, ainsi qu'une connaissance complète de la demande et du public cible. La connaissance préalable des variables énumérées vous aidera à comprendre les montants à investir avant d'offrir le cours.

Fernandes (2006) affirme que les défis et les obstacles à la mise en œuvre des cours d'apprentissage à distance sont considérés comme des facteurs stimulants et des moteurs de la recherche de la nouveauté, de la mise en œuvre et de la création de quelque chose qui n'est pas offert sur le marché, dans le but de répondre aux nouveaux besoins des étudiants et, surtout, du marché du travail.

Pour Soares (2014), surmonter ces défis implique de travailler sur la dimension d'un tout, qui est un système complexe composé d'un ensemble de parties interconnectées. Soares (2014) énumère les éléments essentiels au bon déroulement d'un cours d'apprentissage à distance, en soulignant le rôle des personnes impliquées dans le processus, telles que :

- Gestionnaire : il est responsable de l'organisation du projet de cours, ainsi que de toutes les questions relatives au cours ;
- L'enseignant : il est responsable de la préparation du matériel et du contenu de la matière ;
- Tuteur : il surveille les environnements virtuels, assure la médiation entre l'enseignant et l'étudiant, aide les étudiants à surmonter leurs doutes et leurs difficultés, et organise le matériel de l'enseignant dans les environnements virtuels ;
- Équipe pluridisciplinaire : assiste l'enseignant dans la préparation et la mise en forme des supports et doit donc maîtriser les outils technologiques ;

- L'équipe chargée de la technologie et de l'information : elle est responsable de la fourniture de l'infrastructure technologique, de l'exploitation et de la maintenance des équipements et des *logiciels, des* liens, des serveurs, etc ;
- L'équipe juridique : elle apporte son soutien au gestionnaire pour les questions relatives aux contrats, à l'utilisation des images et du matériel dans l'environnement virtuel ;
Selon Rumble (2003), les éléments qu'un système de gestion de l'apprentissage à distance doit prendre en compte sont les suivants :
- Planification, organisation et contrôle des nouvelles technologies de l'information et

de la communication ;

- Conception et organisation des processus administratifs ;
- Planification et exécution des systèmes d'évaluation ;
- Contrôle des systèmes d'aide aux étudiants ;
- Organiser les ressources financières, humaines et de transport, entre autres.

Pour que l'organisation atteigne ses objectifs, les facteurs critiques de succès doivent être clairs. Selon Rockart (1979), il s'agit des points essentiels qui définiront le succès ou l'échec d'un objectif défini par la planification d'une organisation particulière. Selon l'auteur, les facteurs critiques de succès sont représentés par les variables et les domaines de l'organisation qui sont les plus importants pour atteindre les objectifs.

La connaissance des facteurs critiques de succès peut aider la direction, soutenir la planification à tous les stades et contribuer à l'affectation correcte des ressources.

Les facteurs critiques de succès (FCS) ont trois applications principales : aider les responsables à identifier ce dont ils ont besoin ; aider l'organisation dans sa planification stratégique ; et aider l'organisation dans le processus de planification du système d'information.

Porter (1980) affirme que les entreprises d'un même secteur peuvent avoir des performances différentes, ce qui peut s'expliquer par deux facteurs fondamentaux : la valeur perçue par les clients par rapport aux produits et services offerts et le coût de la création de cette valeur. Grunett et Ellegard (1992) affirment que les facteurs critiques de succès sont les compétences et les ressources qui expliquent la valeur perçue par les clients.

En rapportant les facteurs critiques de succès à l'enseignement à distance, Oliveira, Santos et Kalatzis (2007) affirment que la nécessité de collecter des informations est essentielle pour tout type d'organisation, de sorte que la connaissance des facteurs critiques de succès est un outil stratégique important qui aidera les gestionnaires des établissements d'enseignement supérieur à identifier les faiblesses et à déterminer si elles sont pertinentes pour l'entreprise, afin d'éviter que l'entreprise ne soit déficiente dans ce qui est essentiel à sa réussite.

Attirer les étudiants est l'un des moyens de maintenir l'activité d'un établissement d'enseignement, et de nombreuses stratégies sont employées à cette fin.

Seabra (2006) énumère 11 facteurs critiques de succès pour les cours d'enseignement supérieur en face à face dans les établissements privés : l'innovation en tant que marque ; la gestion financière ; la participation des employés ; l'économie de gamme ; l'expansion physique et l'augmentation de la clientèle ; la politique de marketing ; l'amélioration de la prestation de services ; la technologie et les installations en tant que critères de qualité ; la gestion des ressources internes ; l'influence du fondateur et l'action ou l'absence d'action de la part de la concurrence.

Ferreira (2001) signale que trois facteurs sont extrêmement importants lorsque les établissements d'enseignement proposent des cours d'apprentissage à distance :

le type de connaissances que vous souhaitez offrir, la profondeur des connaissances et le public auquel le cours s'adresse.

Selim (2007) affirme que les FCS des établissements souhaitant adopter l'apprentissage à distance sont regroupées en quatre catégories : enseignant/tuteur ; étudiant ; technologie de l'information et soutien de l'établissement d'enseignement.

Compte tenu des facteurs critiques de succès présentés ci-dessus, il est possible de comprendre que les cours en face à face diffèrent des cours à distance, ce qui signifie qu'il ne suffit pas de transformer un cours en face à face et de le transférer dans l'environnement virtuel.

Selon Arnold (2002), la planification doit se concentrer sur la production de cours, nécessitant des équipes pluridisciplinaires dotées de compétences et de connaissances spécifiques, ainsi que sur le choix d'un modèle d'apprentissage conceptuel et des technologies de l'information et de la communication.

Arnold (2002) précise également que la planification se compose de cinq étapes distinctes : 1 - Définir la nature et la portée du cours ; 2 - Structurer l'équipe responsable du cours à distance ; 3 - Elaborer le projet pédagogique didactique du cours ; 4 - Produire le cours et 5 - Mettre en œuvre le cours.

Lee et Owens (2000) affirment que la planification des cours d'apprentissage à distance nécessite l'élaboration d'un projet, suivi des étapes suivantes : développement, mise en œuvre et évaluation. D'une certaine manière, la planification et la gestion des cours à distance devraient suivre les processus organisationnels, en accordant une plus grande attention à la coordination d'activités indépendantes menées par des équipes pluridisciplinaires, développées suivant les étapes suivantes : diagnostic et analyses préliminaires ; formulation du projet ; production ; mise en œuvre et évaluation.

Le diagnostic et les analyses préliminaires portent sur le profil de l'étudiant à qui le cours sera proposé, ses besoins, ses attentes et son contexte social, géographique et technologique.

Le projet est formulé sur la base des objectifs éducatifs qui, selon Arnold (2002), comprennent à ce stade la structure du curriculum, le contenu du programme, le matériel à utiliser, les systèmes d'aide à la performance des étudiants, les ressources éducatives et le système d'évaluation.

Arnold (2002) précise que la production consiste à mettre en pratique ce qui a été planifié dans le projet, en commençant par un calendrier de mise en œuvre pour vérifier les délais des médias et en allant jusqu'à l'approbation du matériel pédagogique.

Pendant la phase de production, les enseignants, les tuteurs et les moniteurs doivent également être formés.

Dans la phase de mise en œuvre, Arnold (2002) indique qu'il est temps de décider de l'infrastructure logistique et technologique.

La dernière étape est l'évaluation du programme qui, selon Rodrigues (1998), consiste à évaluer l'applicabilité du programme, comme le temps de réponse aux activités proposées, la satisfaction des étudiants par rapport au soutien académique et technologique, le temps de réponse des tuteurs ou des enseignants aux questions des étudiants et, surtout, à évaluer le rapport coût-bénéfice du programme.

Chapitre 3

3. MÉTHODE DE RECHERCHE

La méthode de recherche qui a permis de répondre à la question clé et d'atteindre les objectifs proposés s'est caractérisée dans la première phase par une recherche exploratoire, basée sur une recherche bibliographique sur le sujet. La deuxième phase a consisté en une recherche quantitative descriptive, qui, selon Gil (2009), permet de mesurer les données collectées.

Gil (2009) définit la recherche exploratoire comme le type de recherche qui vise à familiariser le chercheur avec un sujet spécifique, qui est flexible dans sa planification et qui peut utiliser la recherche bibliographique.

Santos et Candeloro (2006) affirment que tout travail scientifique commence par une recherche bibliographique, qui permet au chercheur de comprendre pleinement ce qui a été écrit sur le sujet.

Outre la collecte d'informations à partir de recherches bibliographiques, cette étude a eu recours à des recherches sur le terrain, qui ont permis d'approfondir les données recueillies auprès d'un groupe présentant les mêmes caractéristiques que l'objet de la recherche. Gil (2009) affirme que les résultats d'une enquête utilisant la recherche sur le terrain offrent une plus grande fiabilité et devraient être analysés et interprétés par le chercheur sans l'interférence de critères subjectifs.

L'instrument de recherche appliqué aux directeurs des 25 établissements d'enseignement supérieur de Sao Bernardo do Campo était un questionnaire axé sur les objectifs de la recherche. Lakatos et Marconi (1985) affirment que les questionnaires sont des instruments utilisés pour collecter des informations et constituent une technique d'investigation composée de questions présentées par écrit.

Le questionnaire comportait dix questions structurées qui présentaient une série de réponses scalaires possibles, ce qui facilitait la mise en tableau et l'exploration en profondeur.

L'échelle varie de 1 à 5 comme suit :

1 - correspond à un accord faible ou inexistant ;

2 - accord inférieur à la moyenne ;

3 - accord moyen ;

4 - accord supérieur à la moyenne et 5 - beaucoup d'accord.

Le questionnaire a été élaboré sur le site *Surveymonkey.com et* envoyé par *internet*, car sa distribution au groupe prédéterminé a permis de gagner du temps dans la transmission et la réception des questionnaires, ainsi que dans le dépouillement des données.

Les étapes de la collecte des données et des informations ont été les suivantes :

1^a. Étape : elle a consisté à recueillir des informations sur le sujet dans des livres, des revues spécialisées, des articles, sur le site Internet du ministère de l'éducation, sur le site Internet de l'INEP, sur le site Internet du SEMESP, sur le site Internet du département de l'éducation de l'État de São Paulo et de la municipalité de São Bernardo do Campo, et à consulter l'IBGE.

Étape 2 : Elle a consisté à élaborer l'instrument de recherche sur la base de la question à laquelle il fallait répondre et des objectifs principaux et secondaires. Le questionnaire a été appliqué aux responsables des 25 établissements d'enseignement identifiés et situés dans la ville de Sâo Bernardo do Campo.

Étape 3 : Envoi des questionnaires aux responsables des établissements d'enseignement supérieur à l'aide du site web *Surveymonkey.com*.

4^a .Stage : Date de clôture des réponses aux questionnaires transmis aux gestionnaires.

Étape 5 : Analyse des résultats obtenus par l'application de l'instrument d'enquête aux gestionnaires.

La recherche a été finalisée par la discussion des données collectées et la confrontation des théories qui ont servi de base théorique au travail, afin d'élaborer les considérations finales.

L'instrument d'enquête utilisé pour recueillir des informations comportait des questions relatives à l'offre de cours d'apprentissage à distance, divisées en quatre dimensions : la dimension 1, qui concerne les personnes ; la dimension 2, qui concerne l'organisation didactique et pédagogique ; la dimension 3, qui concerne l'infrastructure ; et la dimension 4, qui concerne les systèmes d'évaluation.

Dimension 1 Personnes : couvre des questions telles que la formation des enseignants, des tuteurs et des moniteurs, ainsi que la formation du personnel et la coordination du cours.

Dimension 2 Organisation didactique et pédagogique : implique des questions sur la dissociation du développement du projet pédagogique des projets pédagogiques existants des cours en classe, du système d'enseignement, des activités académiques, de l'organisation des cours et des attentes concernant la construction des connaissances et de l'employabilité, ainsi que de la production de contenu.

Dimension 3 Infrastructure : présente les questions liées aux conditions du centre, au soutien académique, aux technologies de l'information, en particulier en ce qui concerne la nécessité d'une mise à jour en raison des innovations technologiques constantes, la mise en œuvre d'environnements virtuels et le retour d'information aux étudiants.

La dimension 4 couvre les questions des systèmes d'évaluation relatives aux étudiants, au cours, aux besoins du marché du travail, aux diplômés en termes de placement sur le marché du travail et aux exigences légales des organismes d'évaluation.

Le questionnaire a été envoyé aux établissements d'enseignement supérieur suivants de Sao Bernardo do Campo : Centro Universitário da Fundapao Educacional Inaciana Padre Saboia de Medeiros - FEI ; Centro Universitário Internacional - UNINTER ; Centro Universitário UNISEB ; Faculdade Anhanguera de Sao Bernardo - FASBC ; Faculdade Anhanguera de Tecnologia de Sao Bernardo - FAT ; Faculdade de Direito de Sao Bernardo do Campo - FDSBC ; Faculdade de Sao Bernardo do Campo - FASB ; Faculdade de Tecnologia de Sao Bernardo do Campo - FATEC - SB ; Faculdade de Tecnologia Termomecanica - FTT ; Faculdade Pan América - FAPAN ; Faculdade de Interapao Americana - FAINAM ; Faculdade SENAI de Tecnologia Ambiental - SENAI ; Fundapao Universidade Federal do ABC - UFABC ; Universidade Anhanguera de Sao Paulo - UNIAN SP ; Universidade Anhanguera - UNIDERP ; Universidade Anhembi Morumbi - UAM ; Universidade Cidade de Sao Paulo - UNICID ; Universidade de Santo Amaro - UNISA ; Universidade do Sul de Santa Catarina - UNISUL ; Universidade Luterana do Brasil - ULBRA ; Universidade Metodista de Sao Paulo - UMESP ; Universidade Metropolitana de Santos - UNIMES ; Universidade Norte do Paraná - UNOPAR ; Universidade Nove de Julho - UNINOVE et Universidade Paulista - UNIP.

Chapitre 4

4. RÉSULTATS

Afin d'étudier les défis et les obstacles à la réussite de la planification et de la gestion de projet dans les cours à distance de la ville de Sao Bernardo do Campo, un questionnaire a été administré aux directeurs de 25 établissements d'enseignement supérieur de la ville de Sao Bernardo do Campo, tant ceux qui proposent des cours à distance que ceux qui n'en proposent pas.

Sur les questionnaires envoyés, seuls cinq ont été remplis et, pour des raisons éthiques, ils ont demandé à ce que leur nom ne soit pas divulgué.

Le tableau ci-dessous présente les réponses obtenues :

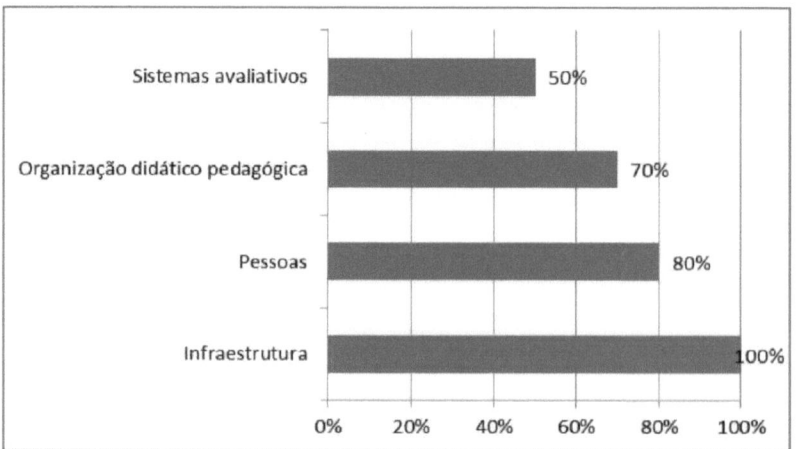

Tableau I - résultats de la recherche - Source : Auteurs (2017)

Les résultats sont répertoriés en fonction des dimensions :
Dimension 1 Personnes : parmi les institutions qui ont répondu, il a été possible de constater que la dimension des personnes occupe la deuxième place en tant qu'obstacle et défi à surmonter par les établissements d'enseignement, car les réponses suggèrent

que les questions liées à la structuration des équipes responsables des cours d'apprentissage à distance convergent avec les questions liées à la formation et à la constitution d'équipes ; il n'est pas facile de trouver sur le marché des professionnels qui ont déjà la formation, les aptitudes et les compétences nécessaires pour utiliser les outils disponibles dans les cours d'apprentissage à distance. Viennent ensuite les questions liées à la préparation des tuteurs en termes de connaissance du contenu et de rapidité avec laquelle ils fournissent un retour d'information sur les activités préparées par les étudiants. Les conflits entre les enseignants et les tuteurs sont également apparus comme des facteurs d'influence négatifs.

Dimension 2 Organisation didactique et pédagogique : arrive en 3ème position des obstacles et des difficultés dans la planification et la gestion des cours d'apprentissage à distance, principalement en ce qui concerne la préparation des programmes et la conception pédagogique, car ceux-ci doivent intégrer les contenus et les matières de manière claire et complète, dans le but de prévenir l'abandon des étudiants. Les questions relatives à la difficulté de créer des activités académiques qui encouragent le plus grand nombre de participants à interagir entre eux et à produire du matériel collectivement sont présentées comme des défis et des obstacles.

Dimension 3 - Infrastructure : l'unanimité des répondants affirme que le choix de la plate-forme appropriée pour les environnements virtuels est un facteur important dans l'échec d'un cours d'apprentissage à distance, car les environnements lourds n'offrent pas d'agilité, les environnements d'apprentissage devraient être légers, ils devraient offrir une plus grande rapidité dans l'envoi des activités, la navigation devrait être facile d'accès, il y a un besoin constant d'élargir les collections bibliographiques et le besoin de synchronisation des outils. À cela s'ajoutent les coûts d'installation, d'acquisition et de maintenance, ainsi que les constantes innovations technologiques qui apparaissent sans cesse et rendent nécessaire un réajustement de la structure. Un autre problème soulevé par les participants est le manque de préparation des étudiants en termes de connaissance et de manipulation des outils technologiques et de navigation dans les environnements virtuels.

Dimension 4 Systèmes d'évaluation, les résultats montrent que cette dimension est classée 4^a . Les établissements d'enseignement interrogés font état de difficultés dans l'inscription, le suivi et l'évaluation des étudiants, ainsi que dans l'évaluation de l'adéquation des cours aux besoins et aux attentes du marché du travail et de la formation réelle des diplômés.

CONSIDÉRATIONS FINALES

Il est indéniable que l'enseignement a connu des changements au fil du temps, en commençant par le modèle traditionnel dans lequel la salle de classe était l'espace physique et le centre du savoir était l'enseignant. Au fil du temps, il est passé par l'enseignement par correspondance, la radiodiffusion, la télévision, les universités ouvertes, la vidéoconférence et aujourd'hui, avec l'aide de l'internet/web, il est devenu accessible à une plus grande partie de la population. Le Brésil a suivi la même voie que le reste du monde et, dans les années 1970, l'utilisation des ordinateurs a donné naissance à une nouvelle forme d'éducation, qui est devenue plus accessible grâce au faible coût des ordinateurs personnels aujourd'hui. L'avènement d'Internet et l'utilisation généralisée des ordinateurs ont modifié le concept de rencontres en face à face. Aujourd'hui, il est possible d'être en contact avec des personnes du monde entier, et les barrières géographiques ont disparu.

Les nouvelles technologies ont apporté des innovations dans le domaine de l'éducation et, aujourd'hui, la demande et l'offre de cours à distance augmentent d'année en année. Au Brésil, en 2003, 52 cours étaient proposés par des établissements d'enseignement ; aujourd'hui, il y en a plus de 1 200. L'enseignement à distance est démocratique et facile d'accès en termes de prix et surtout parce qu'il ne nécessite pas de déplacement physique.

Il s'agit d'un processus continu qui, de sa conception à sa mise en œuvre, nécessite une analyse parfaite de la portée du cours et du public à atteindre, de l'équipe chargée de structurer le cours, des technologies à utiliser, ainsi que de la production et de la mise en œuvre du cours.

Visant à comprendre les défis et les obstacles auxquels les établissements d'enseignement sont confrontés lorsqu'ils planifient et gèrent des cours d'apprentissage à distance, cet article, dont le questionnaire a été appliqué aux gestionnaires des établissements d'enseignement supérieur de la ville de Sao Bernardo do Campo, a révélé que, malgré les progrès réalisés, le coût de l'infrastructure reste élevé, le coût de l'infrastructure reste élevé, la question des personnes se pose toujours en termes de formation de l'équipe responsable du cours, ainsi que l'existence de frictions entre les enseignants et les tuteurs, et les institutions sont toujours confrontées à des problèmes concernant le degré de connaissance des étudiants en matière d'utilisation des outils technologiques. L'organisation didactique et pédagogique a encore du mal à dissocier les contenus des cours en présentiel, car l'enseignement à distance concerne un plus grand nombre d'étudiants et les projets doivent être élaborés en fonction des besoins de chaque cours.

Enfin, le système d'évaluation, qu'il s'agisse des étudiants, des besoins du marché ou des diplômés, finit par poser des défis et des obstacles aux établissements d'enseignement supérieur. Lors de la planification et de la mise en œuvre des cours d'apprentissage à distance, les objectifs de l'institution doivent être clairs, le contenu doit être structuré, les technologies innovantes doivent être présentes, les professionnels doivent être formés et les environnements virtuels doivent être préparés pour les rendre faciles et accessibles.

Pour répondre à la question clé de cet article, les éléments mentionnés ci-dessus constituent des obstacles et des entraves à la planification et à la gestion des projets de formation diplômante à distance.

Pour que les établissements d'enseignement puissent atténuer ces défis et ces obstacles, il est essentiel qu'ils se préparent à y faire face et qu'ils proposent des cours qui répondent aux besoins des étudiants, du marché du travail et des organes d'évaluation des établissements d'enseignement.

Enfin, on peut conclure que la question clé a reçu une réponse et que les objectifs ont été atteints. L'une des limites de l'étude est le faible nombre de questionnaires renvoyés.

En effet, l'enquête actuelle montre que la dimension infrastructurelle vient en premier, la dimension humaine en second, suivie par la dimension de l'organisation didactique et pédagogique et enfin les systèmes d'évaluation.

RÉFÉRENCES

AMARAL, R.C ; FIGUEIREDO, L.V.A. **Planning and Management of distance learning courses in face-to-face undergraduate programmes** : Content, Learning and Knowledge Building. Rio de Janeiro : Collège Sao José, 2010.

ARNOLD, Stela B. **Planning in Distance Education.** Dans : ARNOLD, Stela Beatris Tôrres ; MOREIRA, Mércia (Orgs.). Distance Education. Belo Horizonte : PUC Minas Virtual, 2002.

BAIN, J. *Barriers to new competition.* Cambridge : Harvard University Press. 1956.

BATESON, John E.G, HOFFMAN, K. Douglas. **Services Marketing**. Porto Alegre : Bookman, 2001.

BRÉSIL - **Loi 9.394, du 20 décembre 1996**. Établit les lignes directrices et les bases de l'éducation nationale. Disponible à l'adresse http://mecglis.mec.gov.br/seed/arquivos/pdf/tvescola/leis/lein9394.pdf. Consulté le 27/08/2014.

Décret n° 5.622 du 19 décembre 2005. Réglemente l'article 80 de la loi n° 9.394, du 20 décembre 1996, qui établit les lignes directrices et les bases de l'éducation nationale . Disponible à l'adresse à l'adresse suivante http://www.planalto.gov.br/ccivil 03/ At02004- 2006/2005/Decreto/D5622.htm. Consulté le 27/08/2014.

BRIGHAM, Eugene. F., HOUSTON, Joel F. **Fundamentals of Modern Financial Management**. Rio de Janeiro : Campus, 2000.

CASTRO, J. N. ; LADEIRA, E. S. **Management and planning of distance learning courses in Brazil :** a multiple case study in three higher education institutes. Revista Gestao e Planejamento - UNIFACS. Salvador : v.10, n.2, p. 220-247, jul./dez. 2009.

CHAOS, Résumé 2009. **The *Standish Group International*, 2009**. Disponible à l'adresse : http://www.standishgroup.com. Consulté le 01/08/2014.

CHIAVENATO, Idalberto. **Gestion financière**. Rio de Janeiro : Elsever, 2006.

DANIEL, J.S. *Mega universities and knowledge media : technology strategies for highereducation.*Londres : KoganPage, 1998.

DIAS, R.A. ; LEITE, L.S. **Educaçâo a Distância** : Da Legislaçao ao Pedagógico. Petrópolis, RJ : Vozes, 2010.

DRUCKER, Peter F. **Le meilleur de Peter Drucker : La société**. Sao Paulo : Nobel, 2001.

FERNANDES, M.L.R. **Educaçâo a distância em organizaçôes públicas**. Brasília : ENAP, 2006.

FERREIRA, Armando Leite. Panel : **Technologies d'apprentissage à distance et leur rôle dans les écoles de commerce**. Enanpad, 2001.

FREZATTI, Fábio. **Budgétisation, planification et contrôle de gestion des entreprises**. Sao Paulo : Atlas, 2006.

GIL, António Carlos. **Comment préparer des projets de recherche.** 4. ed. Sao Paulo : Atlas, 2009.

GRUNERT, Klaus G. ; ELLEGAARD, Charlotte. *Le concept de facteurs clés de succès : théorie et méthode*. Document de travail MAPP, n. 4, octobre 1992.

GUIDE DE L'ÉTUDIANT POUR L'ENSEIGNEMENT SUPÉRIEUR 2015. Sao Paulo : avril 2015.

INSTITUT BRÉSILIEN DE GÉOGRAPHIE ET DE STATISTIQUE. **Recensement démographique de Säo Bernardo do Campo.** Disponible à l'adresse : http://cidades.ibge.gov.br/xtras/temas.php?lang=&codmun=354870&idtema= 105&search=sao-paulo|sao-bernardo-do-campo|censo-demografico-2010:- resultados-da-amostra-educacao--. Consulté le 06/01/2015.

INSTITUT NATIONAL D'ÉTUDES ET DE RECHERCHES PÉDAGOGIQUES ANÍSIO TEIXEIRA - INEP. **Synopsis statistique de l'enseignement supérieur.** Disponible à l'adresse : http://portal.inep.gov.br/superior-censosuperior-sinopse>. Consulté le 29/12/2014.

KAPLAN, Robert S., COOPER, Robin. **Coût et performance**. Sao Paulo : Futura, 2000.

KOTLER, Philip, JAIN, Dipack C., MAESINCEE, Suvit. **Le consommateur au centre de la scène : le marketing en action**. Rio de Janeiro : Campus, 2002.

LAKATOS, E. M, MARCONI, M.A. **Fundamentos de Metodologia Científica**. Sao Paulo : Atlas, 1985.

LEE, William W. ; OWENS, Diana L. *Multimedia Based Instructional Design*. San Francisco : Jossey-Bass, 2000.

LITTO, Fredric M., FORMIGA, Marcos. **Distance Education : the state of the art**. Sao Paulo : Pearson, 2009.

LOBATO, David Menezes, et al. **Estratégia de empresas**. Sao Paulo : Fondation Getúlio Vargas. 2004.

MILL, Daniel. Polidocência na educaçao a distância, múltiplo enfoques. EdUFSC. Sao Carlos, 2010

MINISTÈRE DE L'ÉDUCATION. **Accredited Institutions**. Disponible à l'adresse : http://portal. mec. gov. br/index. php?option=com content&view=article&id=131 05&Itemid=879. Consulté le 06/01/2015.

MINTZBERG, Henry, AHLSTRAND, Bruce, LAMPEL, Joseph. **Safari stratégique**. Porto Alegre : Bookamn, 2000.

MOORE, M. ; KEARSLEY, G. **Distance Education : an integrated vision**. Sao Paulo : Cegage Learning, 2010.

MORAES, R.C. **Educaçâo a Distância e Ensino Superior** : Introduçao didática a um tema polêmico. Sao Paulo : SENAC, 2010.

MORAN, José Manuel. **Qu'est-ce que l'enseignement à distance** ? 2002. Disponible à l'adresse : http://www.eca.usp.br/prof/moran/dist.htm. Consulté le 28/02/2015.

MOREIRA, J.M.A. A **Educapao a Distancia** : o estado da arte. Sao Paulo : Perarson Hall, 2009.

OLIVEIRA, Selma Regina Martins ; SANTOS, Elaine Maria dos ; KALATIZIS, Adriana Cadalis. **Soutien méthodologique pour l'amélioration de la planification de l'apprentissage à distance à l'aide des styles d'apprentissage, des intelligences multiples et des compétences requises** : A Multi-Case Study in Administration

Programmes. EnEPQ, 2007.

PARASURAMAN, A. ; BERRY, L. L. et ZEITHAML, V. **A. Empirical Examination of Relationships in Extended Service Quality Model**.Cambridge, MA : Marketing Science Institute. 1990.

PMBOK. **Un guide des connaissances en matière de gestion de projet.** Guide PMBOK. 5ème édition, Atlanta : Project Management Institute, 2013.

PORTER, Michael. **L'avantage concurrentiel.** Rio de Janeiro : Campus, 1986.

RODRIGUES, Rosangela Schwarz. **Modèle d'évaluation des cours d'enseignement à distance.** Florianópolis, 1998 (mémoire de maîtrise).

Programme de troisième cycle en ingénierie de la production à l'UFSC.

ROCKART, J. F. Les *chefs d'entreprise définissent leurs propres besoins en matière de données*. Harvard Business Review, 1979.

RUMBLE, Greville. **La gestion des systèmes d'enseignement à distance.** Brasilia. UnB : UNESCO, 2003.

SAADE, Alessandro, GUIMARÄES, Thelma. **Maîtriser les stratégies commerciales, les idées et les tendances dans le nouvel univers de l'entreprise.** Sao Paulo : Pearson, 2006.

SANCHEZ, F. (Coord.) **Anuário Brasileiro Estatístico de Educapao Aberta e a Distancia** (AbraEAD). 4e édition, Sao Paulo : Instituto Monitor, 2008.

SANTOS, Vanice e CANDELORO, Rosana J. **Trabalhos académicos : uma orientapao para a pesquisa e normas técnicas.** Porto Alegre : Age, 2006.

SEABRA, Gerson dos Santos. Université Estácio de Sá : 1970 - 2000 : **Onze facteurs critiques de succès, une étude de cas.** Mémoire de maîtrise. Université Estácio de Sá, 2006.

SELIM, Hassan, M. *Critical success factors for e-learning acceptance : ConWrmatory factor models.* Computers & Education, n. 49, 2007.

SEVERINO, Antonio J. **Metodologia do Trabalho Científico.** Sao Paulo : Cortez, 2000.

SEVERO, Eliana Andreia, et al. **Inovapao em servipos educacionais, o seminário interinstitucional de pesquisa em administrapao.** Revista de Administrapao de Ensino e Pesquisa, v. 14, n. 3, p. 591-615, 2013.

SOARES, S.L. **Estratégias e Gestao em Educapao a Distancia** : Estudo de Caso da SEIFAI. Revista Administrapao, Santa Maria, v. 7, Edipao Especial, P. 127-143, SET. 2014.

STEINER, George. *Top management planning*. New York, The Maximillian Company, 1969. Disponible sur le site : http://revistaspuc.br/index.php/rad/article/viewFile/1698/1090. Consulté le 06/08/2014.

VARGAS, Ricardo V. **Manuel pratique de planification de projet utilisant le guide PMBOK**. Rio de Janeiro : Brasport, 2014.

VIANNEY, J. TORRES, P. L e ROESLER, L. Educación superior a distancia en Brasil In Torres, P. L e RAMA, C. (Coor). **Distance Higher Education in Latin America and the Caribbean** - Realities and trends. Santa Catarina, UNISUL. 2010.